やさしくわかる デジタル時代の

情報モラル 2

スマホ編

光・共著

技術評論社

はじめに

インターネットは情報化社会《じょうほうかしゃかい》において必要不可欠《ひつようふかけつ》なものになっています。大人《おとな》だけでなく子《こ》どもにも、学習《がくしゅう》、仕事《しごと》、家庭《かてい》など、広範囲《こうはんい》に利用《りよう》されています。一方《いっぽう》、スマートフォンやパソコンなどのインターネット端末《たんまつ》やそのサービスの使用《しよう》に際《さい》しては、ルールを守《まも》り、基本的《きほんてき》な技術《ぎじゅつ》を理解《りかい》する必要《ひつよう》があります。インターネットを通《つう》じたさまざまなサービスは便利《べんり》である反面《はんめん》、使《つか》い方《かた》を誤《あやま》ると、危険《きけん》にさらされることを知《し》っておく必要《ひつよう》があります。

本書《ほんしょ》は、これからスマートフォンやパソコンなどのインターネット機器《きき》を使《つか》う人《ひと》だけでなく、すでに使《つか》っている人《ひと》も情報《じょうほう》モラルを学習《がくしゅう》できるように編集《へんしゅう》しています。本書《ほんしょ》の特徴《とくちょう》として次《つぎ》の点《てん》を挙《あ》げることができます。

- 情報《じょうほう》モラルの基本概念《きほんがいねん》を理解《りかい》できる
- 情報《じょうほう》モラルを知《し》る上《うえ》で必要《ひつよう》な基本技術《きほんぎじゅつ》を理解《りかい》できる
- 具体例《ぐたいれい》が図表《ずひょう》とともに解説《かいせつ》されている
- 知《し》っておきたい関連知識《かんれんちしき》がコラムに記載《きさい》されている
- 総《そう》ルビで読《よ》みやすい形式《けいしき》になっている

スマホ編《へん》では、スマートフォンの利用場面《りようばめん》ごとに必要《ひつよう》となる情報《じょうほう》モラルや，利用《りよう》するときの注意点《ちゅういてん》などについて解説《かいせつ》しています。これらを理解《りかい》することにより、スマホを安全《あんぜん》で便利《べんり》に利用《りよう》することができます。

インターネットを中心《ちゅうしん》とした情報技術《じょうほうぎじゅつ》は今後《こんご》さらに進歩《しんぽ》し、より広《ひろ》い用途《ようと》に利用《りよう》されていくでしょう。私《わたし》たちは情報《じょうほう》モラルを理解《りかい》することで、一層便利《いっそうべんり》で快適《かいてき》な生活《せいかつ》を送《おく》ることができます。

なお、本書《ほんしょ》における解説《かいせつ》、図表《ずひょう》、事例《じれい》は、標準的《ひょうじゅんてき》なインターネットやスマホなどの環境《かんきょう》を想定《そうてい》して記載《きさい》しています。

最後《さいご》に、本書《ほんしょ》の編集《へんしゅう》・企画《きかく》においてご尽力《じんりょく》いただいた技術評論社《ぎじゅつひょうろんしゃ》の渡邉悦司氏《わたなべえつじし》、松井竜《まついりょう》馬氏《まし》および関係各位《かんけいかくい》に深《ふか》く感謝《かんしゃ》の意《い》を表《あらわ》します。

松下孝太郎《まつしたこうたろう》、山本光《やまもとこう》

2-4
スマホ依存症《いぞんしょう》に
ならない使《つか》い方《かた》は？

2-11
ネットの情報《じょうほう》は
信《しん》じてよいの？

2-13
友達《ともだち》や家族《かぞく》との
SNS《エスエヌエス》やメールのやり取《と》りで
気《き》をつけることは何《なに》？

情報《じょうほう》モラルについていっしょに学《まな》んでいきましょう！

上原悠人《うえはらゆうと》さん　高橋真央《たかはしまお》さん　佐藤麻衣先生《さとうまいせんせい》

やさしくわかるデジタル時代《じだい》の情報《じょうほう》モラル

【② スマホ編《へん》】目次《もくじ》

コラム

2-1 スマホってどんなことができるの？

いよいよスマホを持《も》ってよいことになりました。いろいろなことができるようですが、どんなことができるのですか？

スマホには電話《でんわ》やメール、SNS《エスエヌエス》やインターネット、写真《しゃしん》や音楽再生《おんがくさいせい》など、さまざまな機能《きのう》が備《そな》わっています。また、アプリを入《い》れることで、ゲームやショッピングなど、さまざまな機能《きのう》を追加《ついか》することができます。ただし、スマホの機種《きしゅ》によって、できること、できないことがあります。

スマホは電話《でんわ》だけでなく、ゲームやマンガを楽《たの》しんだり、SNS《エスエヌエス》を使《つか》って友達《ともだち》と交流《こうりゅう》したり、写真《しゃしん》を撮《と》ったり、好《す》きな音楽《おんがく》を聴《き》いたり、動画《どうが》を楽《たの》しんだり…、さまざまなことが楽《たの》しめます。さらに人気《にんき》のアプリをインストールすれば、新《あたら》しい機能《きのう》をどんどん追加《ついか》することもできます。

とても楽《たの》しくて便利《べんり》なスマホですが、使《つか》い方《かた》を間違《まちが》えるとスマホ依存症《いぞんしょう》になったり、マナー違反《いはん》をしたり、被害《ひがい》にあうこともあります。

これからスマホの上手《じょうず》な使《つか》い方《かた》やマナー、危険《きけん》などを紹介《しょうかい》していきますので、一緒《いっしょ》に見《み》ていきましょう。

Column《コラム》

思《おも》わぬ高額請求《こうがくせいきゅう》にならないために

スマホには通話料金《つうわりょうきん》（音声《おんせい》）と通信料金《つうしんりょうきん》（データ）があります。通話料金《つうわりょうきん》には「10分無料《ぷんむりょう》」や「家族無料《かぞくむりょう》」などのプランがあります。選《えら》んだプランによってどのくらい通話料金《つうわりょうきん》がかかるのかに注意《ちゅうい》しましょう。例《たと》えば、かけた時間《じかん》で課金《かきん》されるプランでは、長電話《ながでんわ》になるほど高額《こうがく》になります。一方《いっぽう》、通信料金《つうしんりょうきん》には「5GB《ギガバイト》まで定額《ていがく》」などのプランがありますが、通信量《つうしんりょう》を超《こ》えたときにどうなるかを確認《かくにん》しましょう。また、Wi-Fi《ワイファイ》という「無線《むせん》の通信《つうしん》」を利用《りよう》することで、通信料金《つうしんりょうきん》を節約《せつやく》できることがあります。

2-2

スマホってどんなしくみなの？

いろいろなことができるスマホですが、どんなしくみになっているのですか？

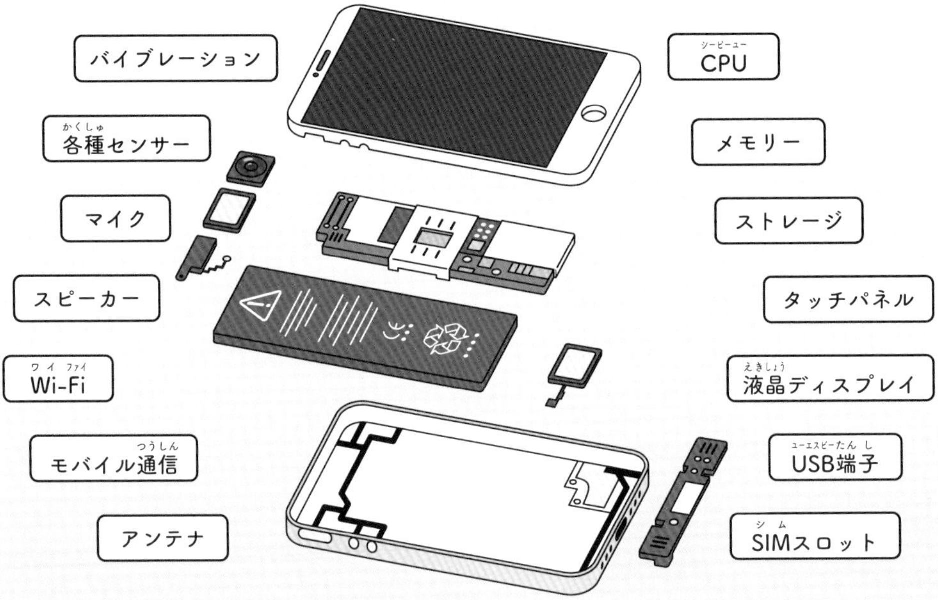

スマホは手《て》のひらサイズの高性能《こうせいのう》なコンピュータです。CPU《シーピーユー》や液晶《えきしょう》ディスプレイ、メモリー、ストレージ、Wi-Fi《ワイファイ》、マイク、スピーカーなどから構成《こうせい》されています。センサーやGPS《ジーピーエス》など、携帯端末《けいたいたんまつ》ならではの機能《きのう》も持《も》っています。

左図《さず》はスマホを構成《こうせい》する電子部品《でんしぶひん》で、これらの部品《ぶひん》をハードウェアといいます。CPU《シーピーユー》は中央処理装置《ちゅうおうしょりそうち》と呼《よ》ばれ、コンピュータの脳《のう》のようなものです。メモリーは記憶装置《きおくそうち》です。ストレージにはデータやアプリが保存《ほぞん》されます。また、スマホにはさまざまなセンサーが搭載《とうさい》されています。GPS《ジーピーエス》は現在《げんざい》の位置情報《いちじょうほう》を測定《そくてい》します。磁気《じき》センサーは方角《ほうがく》、加速度《かそくど》センサーは向《む》きを示《しめ》します。その他《た》、機種《きしゅ》によってはジャイロセンサー、指紋《しもん》センサー、光《ひかり》センサーなど搭載《とうさい》しています。インターネットには無線《むせん》LAN《ラン》（Wi-Fi《ワイファイ》）やモバイル通信《つうしん》によってつながります（下図《かず》）。

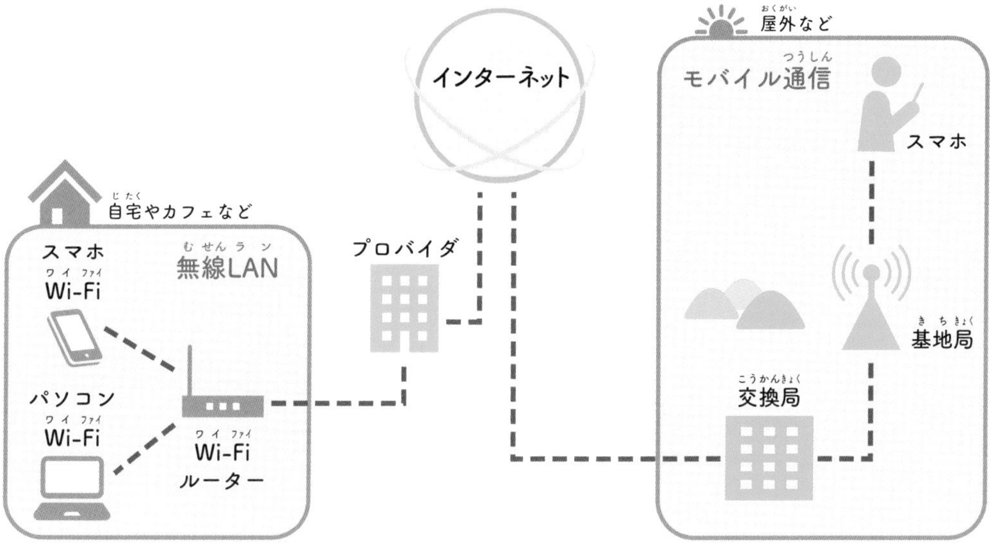

コラム Column

スマホを動《うご》かす基本《きほん》ソフトウェアOS《オーエス》

ハードウェアだけではスマホは動《うご》きません。ハードウェアとユーザーの操《そう》作《さ》、アプリをまとめ、動作《どうさ》させるのがOS《オーエス》と呼《よ》ばれるものです。スマホの起動《きどう》からタッチパネルの操作《そうさ》、画面表示《がめんひょうじ》、アプリの起動《きどう》、ネット接続《せつぞく》などを管理《かんり》します。

OS《オーエス》はOperating《オペレーティング》 System《システム》の略《りゃく》です。基本《きほん》ソフトウェアとも呼《よ》ばれます。OS《オーエス》上《じょう》で動《うご》くアプリのことを応用《おうよう》ソフトウェアと呼《よ》びます。スマホのOS《オーエス》ではGoogle《グーグル》社《しゃ》のAndroid《アンドロイド》とApple《アップル》社《しゃ》のiOS《アイオーエス》が有名《ゆうめい》です。

スマホの最初《さいしょ》の準備《じゅんび》で気《き》をつけたいことは？

スマホを買《か》いました。まず最初《さいしょ》にやっておくべきことはどんなことでしょうか？

最初《さいしょ》に電源《でんげん》を入《い》れると初期設定《しょきせってい》が始《はじ》まります。初期設《しょきせっ》定《てい》とは、スマホやアプリを使《つか》い始《はじ》める前《まえ》に行《おこな》う準備作業《じゅんびさぎょう》のことです。なかでも重要《じゅうよう》なのがID《アイディー》とパスワードの設定《せってい》です。家族以外《かぞくいがい》には絶対教《ぜったいおし》えないようにしましょう。また、自分《じぶん》も忘《わす》れないように気《き》をつけましょう。

スマホやアプリ、ネットのサービスにログインするときなど、さまざまな場《ば》面《めん》で「本人《ほんにん》」を示《しめ》すのが「アカウント」です。アカウントはID《アイディー》とパスワード、名前《なまえ》や年齢《ねんれい》などがセットになり、本人《ほんにん》をあらわす大切《たいせつ》な情報《じょうほう》になります。アカウントがあれば、別《べつ》のスマホに買《か》い替《か》えたときや、パソコンなどの別《べつ》の機器《きき》でも、共通《きょうつう》の情報《じょうほう》を使《つか》える便利《べんり》なしくみです。ただし、誰《だれ》かが悪用《あくよう》すると、大《おお》きな被害《ひがい》につながります。パスワードを決《き》めるときは、自分《じぶん》の名前《なまえ》や誕生日《たんじょうび》、電《でん》話番号《わばんごう》、「123456」や「111111」など、簡単《かんたん》に見破《みやぶ》られるものは避《さ》けましょう。

Column コラム

認証方法《にんしょうほうほう》の種類《しゅるい》

スマホの認証《にんしょう》には、購入《こうにゅう》してすぐに設定《せってい》するID《アイディー》やパスワード以外《いがい》にも、ロック画面《がめん》を解除《かいじょ》するためのパスコード、パターン認証《にんしょう》、指紋認証《しもんにんしょう》、顔認証《かおにんしょう》など、いろいろな種《しゅ》類《るい》があります。またSIM《シム》カード（通信会社《つうしんがいしゃ》が発行《はっこう》する電《でん》話番号《わばんごう》が記録《きろく》されたカード）にはPIN《ピン》コードと呼《よ》ばれる認証方法《にんしょうほうほう》が設定《せってい》されています。PIN《ピン》コードの初期番号《しょきばんごう》は通《つう》信会社《しんがいしゃ》ごとに異《こと》なります。

スマホ依《い》存《ぞん》症《しょう》にならない使《つか》い方《かた》は？

スマホ依存症《いぞんしょう》にはなりたくありません。そのためにはどうすればよいでしょうか？

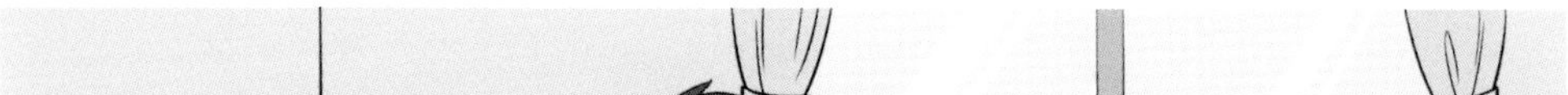

スマホにはさまざまなサービスがあって楽《たの》しいですが、使《つか》いすぎるとスマホ依存症《いぞんしょう》になってしまう危険《きけん》があります。また、有害《ゆうがい》サイトにアクセスしてしまう心配《しんぱい》もあります。スマホを持《も》ったら、使《つか》う時間《じかん》や場所《ばしょ》などのルールを家族《かぞく》と一緒《いっしょ》に考《かんが》えてみましょう。

便利《べんり》で楽《たの》しいスマホですが、使《つか》いすぎてスマホ依存症《いぞんしょう》という病気《びょうき》になってしまうと、精神面《せいしんめん》だけでなく、健康面《けんこうめん》や日常生活《にちじょうせいかつ》でも大変《たいへん》な影響《えいきょう》が出《で》てしまいます。そうならないためにも、例《たと》えば、「使用《しよう》は1日《にち》3時間《じかん》まで」「SNS《エスエヌエス》やゲームは1時間《じかん》まで」「自分《じぶん》の部屋《へや》に持《も》ち込《こ》まない」など、使《つか》うルールを決《き》めておきましょう。ゲームや動画《どうが》の中《なか》には、あらかじめ年齢《ねんれい》に制限《せいげん》があったり、保護者《ほごしゃ》の許可《きょか》がないと使《つか》えないアプリがあります。家族《かぞく》といっしょにルールを考《かんが》えて、ときどき見直《みなお》すようにしましょう。スマホのペアレンタルコントロール機能《きのう》を使《つか》う方法《ほうほう》もあります。

Column《コラム》

ペアレンタルコントロール

保護者《はごしゃ》がこどものスマホの利用《りよう》を制限《せいげん》することを「ペアレンタルコントロール」といいます。決《き》めた時間《じかん》になるとSNS《エスエヌエス》が使《つか》えなくなるなど、保護者《はごしゃ》のスマホから細《こま》かく設定《せってい》することができます。購入制限《こうにゅうせいげん》や有害《ゆうがい》サイトなどへのアクセス制限《せいげん》（サイトブロック）も可能《かのう》です。

なお、ペアレンタルコントロールはスマホによって機能《きのう》の名称《めいしょう》が異《こと》なります。また、スマホだけでなく、パソコンやゲーム機《き》などに対《たい》しても行《おこな》うことができます。

2-5 「ながらスマホ」はどうしてダメなの？

「ながらスマホ」はダメですか？　外出中《がいしゅつちゅう》、道《みち》を調《しら》べたりするときにスマホが使《つか》えると便利《べんり》だと思《おも》いますが、どうなのでしょう？

「ながらスマホ」は、人《ひと》や物《もの》にぶつかるなどして自分《じぶん》だけでなく、相手《あいて》にも怪我《けが》をさせてしまう可能性《かのうせい》があるため、絶対《ぜったい》やってはいけません。

なお、自転車《じてんしゃ》、オートバイ、自動車《じどうしゃ》などを運転中《うんてんちゅう》にスマホを操作《そうさ》することは法律《ほうりつ》で禁止《きんし》されています。

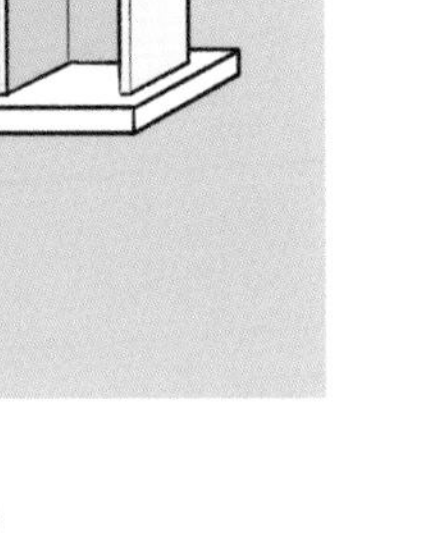

「歩《ある》きながら」や「運転《うんてん》しながら」のスマホ操作《そうさ》は事故《じこ》につながる、とても危険《きけん》な行為《こうい》です。歩《ある》いているとき、自転車《じてんしゃ》に乗《の》っているときは、立《た》ち止《ど》まり、周囲《しゅうい》の安全《あんぜん》に注意《ちゅうい》してから、スマホを操作《そうさ》しましょう。

また、駅《えき》のホームでは、ホームからの転落《てんらく》や列車《れっしゃ》への接触《せっしょく》の危険《きけん》があるので、「ながらスマホ」は絶対《ぜったい》やめましょう。ベンチなどに移動《いどう》して、人《ひと》にぶつからないところで操作《そうさ》しましょう。

コラム
Column

ながら運転《うんてん》には罰則《ばっそく》がある

スマホなどの操作《そうさ》をしながらの運転《うんてん》は事故《じこ》になる可能性《かのうせい》が高《たか》いというデータがあります。そして、道路交通法《どうろこうつうほう》による罰《ばっ》則《そく》が強化《きょうか》されています。運転中《うんてんちゅう》、スマホを手《て》に持《も》っているだけで最高《さいこう》6ヶ月《かげつ》の懲役《ちょうえき》または10万円《まんえん》の罰金《ばっきん》となる場合《ばあい》があります。

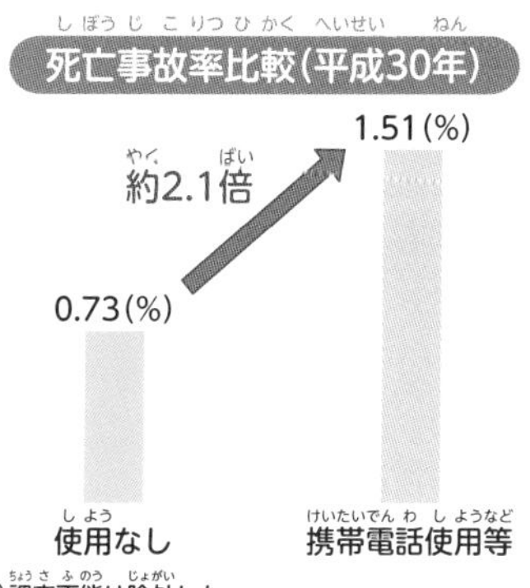

(注)調査不能《ちょうさふのう》は除外《じょがい》した。

警察庁《けいさつちょう》HP《ホームページ》を参考《さんこう》に作成《さくせい》

2-6

通話《つうわ》で気《き》をつけるのはどんなこと？

スマホで通話《つうわ》するときに気《き》をつけたいことを教《おし》えてください。

人《ひと》の多《おお》いところや静《しず》かな場所《ばしょ》では、大声《おおごえ》での通話《つうわ》を控《ひか》えましょう。また、長電話《ながでんわ》は通話料《つうわりょう》が高額《こうがく》になることもあるので、気《き》をつけましょう。

電車《でんしゃ》やバスなどの車内《しゃない》には、通話《つうわ》を控《ひか》える注意書《ちゅういが》きがあるので、よく確認《かくにん》しましょう。

スマホはいつでもどこでも通話《つうわ》できるので便利《べんり》ですが、周《まわ》りの人《ひと》に迷惑《めいわく》をかけないことが大切《たいせつ》です。マンションのロビーやレストラン、図書館《としょかん》など、人《ひと》のいる静《しず》かな建物内《たてものない》では、大声《おおごえ》で通話《つうわ》しないようにしましょう。博物館《はくぶつかん》や美術《びじゅつ》館《かん》、映画館《えいがかん》、コンサートホールなどのイベント会場《かいじょう》では、場所《ばしょ》ごとにルールが異《こと》なります。通話《つうわ》だけでなく、着信音《ちゃくしんおん》が鳴《な》るのもダメなことがあります。それぞれの指示《しじ》に従《したが》いましょう。

なお、電車内《でんしゃない》では通話《つうわ》を控《ひか》えるのがマナーです。新幹線《しんかんせん》はデッキで通話《つうわ》することができます。

Column コラム

災害時《さいがいじ》や緊急時《きんきゅうじ》における通話《つうわ》

地震《じしん》や台風《たいふう》などの災害時《さいがいじ》や人命救助《じんめいきゅうじょ》などが必要《ひつよう》な緊急時《きんきゅうじ》は、通話禁止《つうわきんし》の場所《ばしょ》でも通話《つうわ》しても良《よ》いとされています。スマホを使《つか》って、救助《きゅうじょ》や状況報告《じょうきょうほうこく》を行《おこな》うなど、人命《じんめい》や安全《あんぜん》を最優先《さいゆうせん》に行動《こうどう》しましょう。

スマホには緊急速報《きんきゅうそくほう》の設定《せってい》があります。有効《ゆうこう》にしていれば、大音量《だいおんりょう》で速報《そくほう》の受信《じゅしん》が通知《つうち》されます。必《かなら》ず設定《せってい》しましょう。

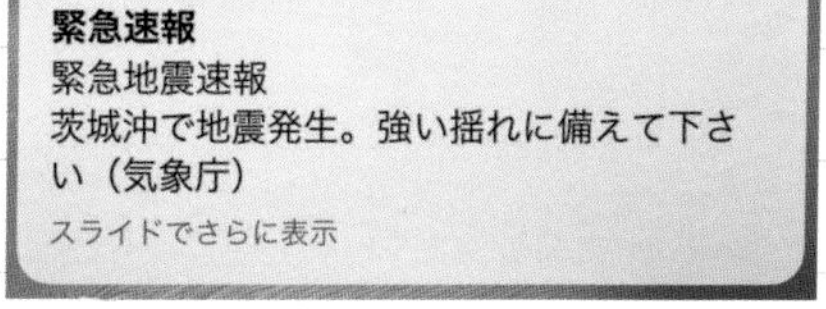

▲スマホでの表示例《ひょうじれい》

通《つう》話《わ》しなければ、どこでスマホを使《つか》ってもよいの？

スマホは通話《つうわ》以外《いがい》で気《き》をつけることはありますか？

通話《つうわ》を控《ひか》える場所《ばしょ》でも、ルールに従《したが》えばスマホを使用《しよう》できます。スマホには着信《ちゃくしん》や操作《そうさ》を音《おと》で知《し》らせてくれる機能《きのう》がありますが、静《しず》かな場所《ばしょ》で鳴《な》ると、人《ひと》の迷惑《めいわく》になります。スマホには音《おと》が鳴《な》らないようにする、マナーモードという機能《きのう》があるので、うまく利用《りよう》しましょう。

電車内《でんしゃない》や映画館《えいがかん》などでは「通話《つうわ》はお控《ひか》えください」「マナーモードにしてください」といった表記《ひょうき》があります。このような表記《ひょうき》が多《おお》いのはスマホから鳴《な》る音《おと》が、周《まわ》りの人《ひと》の迷惑《めいわく》になるような場所《ばしょ》です。スマホにはマナーモードと呼《よ》ばれる設定《せってい》があり、音《おと》を消《け》したり、バイブレーション（振動《しんどう》）に切《き》り替《か》えることが簡単《かんたん》にできます。なお、コンサートホールや映画館《えいがかん》などではバイブレーションの振動音《しんどうおん》も迷惑《めいわく》になることがあります。その場合《ばあい》はバイブレーションをオフにするか電源《でんげん》を切《き》りましょう。また、電車内《でんしゃない》などでは、イヤホンからの音漏《おとも》れなどにも気《き》をつけましょう。

Column コラム マナーモードの種類《しゅるい》

マナーモードへの切《き》り替《か》えはスマホによってやり方《かた》が違《ちが》います。また、複数《ふくすう》のモードを選《えら》べるスマホもあります。例《たと》えば、音《おと》を消《け》してバイブレーション（振動《しんどう》）にする標準《ひょうじゅん》モード、バイブレーションもオフするサイレントモード、時間《じかん》を指定《してい》できるおやすみモードなどです。機種《しゅるい》ごとに名称《めいしょう》や設定《せってい》が異《こと》なりますので、自分《じぶん》のスマホを確認《かくにん》してみましょう。

サイレントモードの例《れい》

2-8

スマホを持《も》ち込《こ》んだらいけない場所《ばしょ》はあるの？

スマホを使《つか》ってはいけない場所《ばしょ》や、電源《でんげん》を切《き》らないといけない場所《ばしょ》があったら教《おし》えてください。

スマホを使用《しよう》してはいけない場所《ばしょ》としては、試験会場《しけんかいじょう》や病院《びょういん》などが挙《あ》げられます。使用《しよう》を控《ひか》えるのか、それとも使用《しよう》が禁止《きんし》されているのかを確認《かくにん》しましょう。禁止《きんし》の場合《ばあい》、電源《でんげん》を切《き》らないといけないのかにも注意《ちゅうい》しましょう。

ほとんどの試験《しけん》では「テストの不正行為《ふせいこうい》を防《ふせ》ぐ」ため、スマホは使用禁止《しようきんし》になります。一方《いっぽう》、病院《びょういん》や飛行機《ひこうき》の場合《ばあい》、スマホから発《はっ》する電波《でんぱ》が、機器《きき》の動作《どうさ》に影響《えいきょう》する恐《おそ》れがあるため、使用不可《しようふか》になることがあります。ただし、機器《きき》の進化《しんか》もあり、最近《さいきん》の病院《びょういん》では下図《かず》のような形《かたち》で、場所《ばしょ》によっては使用《しよう》できるようになりました。飛行機《ひこうき》の場合《ばあい》、スマホから電波《でんぱ》を飛《と》ばさない「機内《きない》モード」が用意《ようい》されています。「機内《きない》モード」に設定《せってい》すれば、スマホを使用《しよう》しても問題《もんだい》ありません。

例《れい》：病院内《びょういんない》でのスマートフォン等《など》の使用《しよう》について

区域《くいき》	通話《つうわ》	メール インターネット
中庭《なかにわ》	○ 7:00 ～ 21:00	○ 7:00 ～ 21:00
個室病棟《こしつびょうとう》	○ 7:00 ～ 21:00	○ 終日《しゅうじつ》
一般病室《いっぱんびょうしつ》 病棟廊下《びょうとうろうか》 食堂《しょくどう》・待合室《まちあいしつ》	×	○ 7:00 ～ 21:00
集中治療室《しゅうちゅうちりょうしつ》 （ICU《アイシーユー》） 手術室《しゅじゅつしつ》、検査室《けんさしつ》	×	×

Column《コラム》

飛行機《ひこうき》でのスマホの利用《りよう》について

飛行機《ひこうき》でスマホを使用《しよう》するには、必《かなら》ず「機内《きない》モード」に設定《せってい》しなくてはいけません。ただし、「機内《きない》モード」にすると、スマホから電波《でんぱ》が出《で》なくなるため、スマホ自体《じたい》に保存《ほぞん》されている写真《しゃしん》や音楽再生《おんがくさいせい》、アプリなどは利用《りよう》できますが、通話《つうわ》や通信《つうしん》を利用《りよう》した機能《きのう》やアプリは使《つか》えなくなります。そこで、航空会社《こうくうがいしゃ》によっては、通信衛星《つうしんえいせい》を利用《りよう》したインターネット接続《せつぞく》サービスを提供《ていきょう》しています。飛行機《ひこうき》のWi-Fi《ワイファイ》（無線《むせん》LAN《ラン》）を通《つう》じて、スマホからインターネットにつなげることができます。

2-9

スマホのカメラでは何《なに》を撮《と》ってもよいの？

スマホのカメラで美術館《びじゅつかん》の絵《え》を撮影《さつえい》してもよいのでしょうか？

美術館《びじゅつかん》や博物館《はくぶつかん》での撮影《さつえい》は禁止《きんし》されていることがほとんどです。展示物《てんじぶつ》によっては、一部《いちぶ》を許可《きょか》している場合《ばあい》もあるので館《かん》の決《き》まりに従《したが》いましょう。また、屋外《おくがい》での撮影《さつえい》は自由《じゆう》にできますが、人《ひと》の迷惑《めいわく》にならないように気《き》をつけましょう。

美術館《びじゅつかん》や博物館《はくぶつかん》には、たいてい注意書《ちゅういが》きがあります。訪《おとず》れたときは書《か》いてあることを確認《かくにん》して守《まも》るようにしましょう。特《とく》にフラッシュ撮影《さつえい》は、作品《さくひん》が傷《いた》んだり、他《ほか》の人《ひと》の迷惑《めいわく》になるため、禁止《きんし》されていることが多《おお》いです。また、絵画《かいが》などを撮影《さつえい》し、それをネットなどに公開《こうかい》すると、著作権《ちょさくけん》の侵害《しんがい》となる恐《おそ》れがあります。

一方《いっぽう》、屋外《おくがい》では、美術品《びじゅつひん》であっても、常《つね》に人《ひと》に見《み》られる状態《じょうたい》であれば、自由《じゆう》に撮影《さつえい》することができます。ただし、人《ひと》の多《おお》い場所《ばしょ》での撮影《さつえい》は、写《うつ》りたくない人《ひと》がいることも考《かんが》えられるため、他《ほか》の人《ひと》への配慮《はいりょ》が必要《ひつよう》です。

Column《コラム》

肖像権《しょうぞうけん》

写真《しゃしん》を撮影《さつえい》すると、他《ほか》の人《ひと》が写《うつ》りこんでいることがあります。その写真《しゃしん》をSNS《エスエヌエス》に載《の》せる前《まえ》に、写《うつ》った人《ひと》のプライバシーを考《かんが》えることが大切《たいせつ》です。

自分《じぶん》が写《うつ》っている写真《しゃしん》が勝手《かって》に使《つか》われない権利《けんり》を「肖像権《しょうぞうけん》」といいます。肖《しょう》像権《ぞうけん》は法律《ほうりつ》で定《さだ》められてはいませんが、公《おおやけ》に認《みと》められている権利《けんり》です。

友達《ともだち》と一緒《いっしょ》に写《うつ》った写真《しゃしん》でも、SNS《エスエヌエス》に載《の》せる際《さい》は、友達《ともだち》に許可《きょか》をとっておくようにしましょう。

自分《じぶん》のアカウントを誰《だれ》かに使《つか》われたらどうなるの？

自分《じぶん》のID《アイディー》やパスワードを書《か》いたメモを失《な》くしてしまいました。どうしたらよいでしょう？

自分《じぶん》のID《アイディー》やパスワードなどのアカウント情報《じょうほう》が悪《あく》意《い》のある人《ひと》に使《つか》われると、大変《たいへん》な被害《ひがい》にあう危険《きけん》があります。

もし、他《ほか》の人《ひと》に使《つか》われていると思《おも》った場合《ばあい》は、すぐにパスワードを変更《へんこう》して、保護者《ほごしゃ》に相談《そうだん》しましょう。

ネットのサービスを利用《りよう》する際《さい》に必要《ひつよう》なアカウントには、さまざまな個人情《こじんじょう》報《ほう》が記録《きろく》されています。このアカウントを盗《ぬす》むことを「乗《の》っ取《と》り」といいます。乗《の》っ取《と》ったアカウントを使《つか》って、その人《ひと》のようにふるまうことを「なりすまし」といいます。悪意《あくい》のある人《ひと》のなりすましによって、勝手《かって》に送金《そうきん》されたり、家族《かぞく》や友人《ゆうじん》から電子《でんし》マネーをだまし取《と》ったり、SNS《エスエヌエス》にうその投稿《とうこう》をされるなどの被害《ひがい》が発生《はっせい》します。パスワードは決《けっ》して他人《たにん》には教《おし》えず、定期的《ていきてき》に変更《へんこう》しましょう。

コラム Column

フィッシング詐欺《さぎ》

ネット上《じょう》に本物《ほんもの》そっくりのサイトを作《つく》り、そこにＩＤ《アイディー》やパスワード、クレジットカードの番号《ばんごう》などを入力《にゅうりょく》させて個人情報《こじんじょうほう》を盗《ぬす》み取《と》ることをフィッシング詐欺《さぎ》といいます。盗《ぬす》まれた情報《じょうほう》は闇《やみ》サイトで取引《とりひき》されたり、不正《ふせい》にお金《かね》を盗《と》られるなど、大《おお》きな被害《ひがい》にあいます。さらに、勝手《かって》にパスワードを変更《へんこう》され、サービスの解約《かいやく》すら不可能《ふかのう》になることもあります。フィッシング詐欺《さぎ》はメールに書《か》かれたリンクからの誘導《ゆうどう》によるものが多《おお》いです。公式《こうしき》サイトのトップページに直《ちょく》接《せつ》アクセスし、そこから個人情報《こじんじょうほう》の入力《にゅうりょく》を行《おこな》いましょう。

2-11

ネットの情《じょう》報《ほう》は信《しん》じてよいの？

わからないことはスマホを使《つか》ってネットで調《しら》べるだけでよいのでしょうか？

ネットの情報《じょうほう》はすべてが本当《ほんとう》とは限《かぎ》りません。インターネットにはフェイクニュース（嘘《うそ》ニュース）やデマも数多《かずおお》くあります。
正《ただ》しい情報《じょうほう》かどうかを、本《ほん》や新聞《しんぶん》などでも確認《かくにん》することが大切《たいせつ》です。

インターネットを検索《けんさく》すると幅広《はばひろ》い情報《じょうほう》を得《え》ることができます。しかし、情《じょう》報《ほう》の質《しつ》や信頼性《しんらいせい》は高《たか》いものから低《ひく》いものまでさまざまです。国《くに》が提供《ていきょう》する情報《じょうほう》や、大手新聞社《おおてしんぶんしゃ》などの情報《じょうほう》は、専門家《せんもんか》を始《はじ》め、多《おお》くの人《ひと》がチェックするため信《しん》頼性《らいせい》が高《たか》いといえます。一方《いっぽう》、個人《こじん》ブログや口《くち》コミ、SNS《エスエヌエス》や掲示板《けいじばん》の情報《じょうほう》は信頼性《しんらいせい》の低《ひく》いものが多《おお》くあります。そのまま信《しん》じず、本《ほん》や新聞《しんぶん》などの資料《しりょう》を併《へい》用《よう》して、正《ただ》しいかの確認《かくにん》が必要《ひつよう》です。動画《どうが》による情報《じょうほう》も同様《どうよう》です。映像《えいぞう》なので、本当《ほんとう》のように見《み》えますが、嘘《うそ》のニュースもあるので、注意《ちゅうい》しましょう。

Column コラム

Web《ウェブ》ブラウザとネット検索《けんさく》

ネット検索《けんさく》にはWeb《ウェブ》ブラウザを使《つか》います。代表的《だいひょうてき》なものとして、サファリ（Safari《サファリ》）やクローム（Chrome《クローム》）があります。

また、情報《じょうほう》を検索《けんさく》するしくみを検索《けんさく》エンジンといいます。主流《しゅりゅう》はロボット型《がた》で、ウェブページを前《まえ》もって解析《かいせき》し、精度《せいど》の高《たか》い表示《ひょうじ》ができます。

2-12

スマホにアプリを追加《ついか》してもよいの？

スマホにいろいろなアプリをダウンロードして追加《ついか》したいです。注意《ちゅうい》することはありますか？

ダウンロードするアプリの中《なか》には年齢制限《ねんれいせいげん》のあるものや有料《ゆうりょう》のものがあります。

まず、保護者《ほごしゃ》とインストールしたいアプリの内容《ないよう》や使《し》用条件《ようじょうけん》を確認《かくにん》し、許可《きょか》をもらってから、ダウンロードしましょう。

スマホには、さまざまなアプリをダウンロードして追加《ついか》できます。ただし、アプリによっては使用《しよう》できる年齢《ねんれい》に制限《せいげん》があります。また、初《はじ》めは無料《むりょう》でも一《いっ》定期間後《ていきかんご》に有料《ゆうりょう》に切《き》り替《か》わるもの、使用中《しようちゅう》に課金《かきん》されるものなどがあります。悪質《あくしつ》なアプリには、課金《かきん》で思《おも》わぬ高額請求《こうがくせいきゅう》が発生《はっせい》したり、有害《ゆうがい》な情報《じょうほう》にアクセスできたり、スマホの個人情報《こじんじょうほう》を不正《ふせい》に取得《しゅとく》するものまであります。未成年者《みせいねんしゃ》は保護者《ほごしゃ》と追加《ついか》したいアプリの使用条件《しようじょうけん》についてしっかり確認《かくにん》しましょう。

Column コラム

アプリ内課金《ないかきん》には注意《ちゅうい》

アプリのダウンロードが無料《むりょう》でも、アプリの使用中《しようちゅう》にお金《かね》を支払《しはら》うしくみがあります。これを「アプリ内課金《ないかきん》」といいます。アプリ内課金《ないかきん》は、ゲームに多《おお》く、アイテム購入《こうにゅう》などで発生《はっせい》します。

また、ゲーム以外《いがい》では、機能《きのう》の追加《ついか》や上位版《じょういばん》へのアップグレードなどで発生《はっせい》することがあります。

無料《むりょう》だと思《おも》っていたら、あとから思《おも》わぬ請求《せいきゅう》をされ、トラブルになることもあるため、ダウンロードする前《まえ》に、使用《しよう》について確認《かくにん》する必要《ひつよう》があります。

2-13

友達《ともだち》や家族《かぞく》とのSNS《エスエヌエス》やメールのやり取《と》りで気《き》をつけることは何《なに》？

友達《ともだち》や家族《かぞく》にSNS《エスエヌエス》やメールで写真《しゃしん》を送《おく》ろうと思《おも》います。やり取《と》りで気《き》をつけることはありますか？

親《した》しい人《ひと》とのやり取《と》りでも、相手《あいて》に一度《いちど》送《おく》ったメッセージや写真《しゃしん》は、自分《じぶん》では取《と》り消《け》すことができません。よく考《かんが》えてから送《おく》りましょう。

相手《あいて》から送《おく》られてきたメッセージは、相手《あいて》の許可《きょか》なく別《べつ》の人《ひと》に送信《そうしん》するのはやめましょう。

友達《ともだち》や家族《かぞく》とのSNS《エスエヌエス》やメールのやり取《と》りは、公共《こうきょう》には公開《こうかい》されませんが、送《おく》った相手《あいて》には保存《ほぞん》されます。特《とく》に多人数《たにんずう》のグループにメッセージを送《おく》るときは、内容《ないよう》をよく考《かんが》えてから送《おく》りましょう。もし、グループ内《ない》に悪意《あくい》のある人《ひと》がいると、内容《ないよう》が公共《こうきょう》に流出《りゅうしゅつ》したり、拡散《かくさん》する危険《きけん》もあります。また、メッセージを送《おく》るときは、相手《あいて》の都合《つごう》や気持《きも》ちを考《かんが》えることが大切《たいせつ》です。すぐに既読《きどく》にならなくてもイライラしないようにしましょう。迷惑《めいわく》なスタンプの連続投稿《れんぞくとうこう》、長時間《ちょうじかん》のやり取《と》りは避《さ》けましょう。個人情報《こじんじょうほう》の書《か》き込《こ》み、悪口《わるぐち》や非難《ひなん》、人《ひと》が読《よ》んで不愉快《ふゆかい》になる発言《はつげん》は名誉毀損《めいよきそん》となる恐《おそ》れがあります。

コラム Column

インターネットでの個人情報《こじんじょうほう》の流出《りゅうしゅつ》と拡散《かくさん》

インターネットは、情報《じょうほう》がいくつものサーバーにコピーされながら、やり取《と》りされます。そのため、いったん個人情報《こじんじょうほう》などが公共《こうきょう》に流出《りゅうしゅつ》し、拡散《かくさん》すると、完全《かんぜん》に削除《さくじょ》することが難《むずか》しくなります。発見《はっけん》したときはすぐに保護者《ほごしゃ》に相談《そうだん》し、早急《さっきゅう》にプロバイダやサービス提供会社《ていきょうがいしゃ》などに削除依頼《さくじょいらい》を出《だ》すことです。

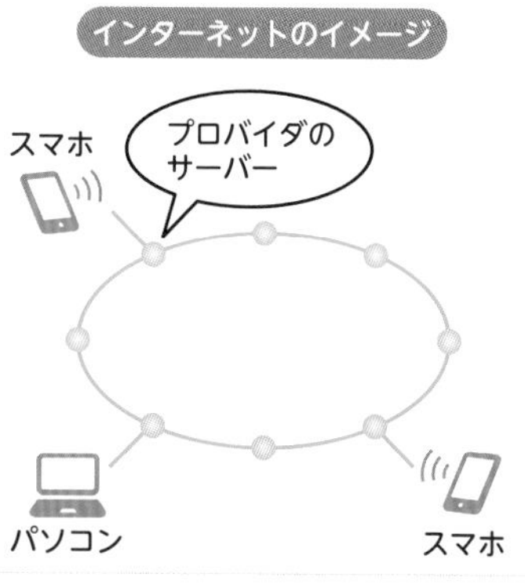

2-14 SNS《エス エヌ エス》やネット掲示板《けいじばん》に匿名《とくめい》で情報《じょうほう》発信《はっしん》をしてもよいの？

SNS《エスエヌエス》や掲示板《けいじばん》で情報発信《じょうほうはっしん》してみたいです。匿名《とくめい》でもよいですか？　他《ほか》にどんなことに気《き》をつけたらよいですか？

年齢《ねんれい》などの利用条件《りようじょうけん》と、マナーを守《まも》れば、ネットは自《じ》由《ゆう》に書《か》き込《こ》むことができます。匿名《とくめい》でも問題《もんだい》ありません。ただし、ネットにはさまざまな人《ひと》がいます。見《み》ず知《し》らずの人《ひと》とのやり取《と》りは避《さ》けましょう。また、住所《じゅうしょ》や学校《がっこう》が特定《とくてい》できるような書《か》き込《こ》みはやめましょう。

SNS《エスエヌエス》や掲示板《けいじばん》はプライベート用《よう》に公開《こうかい》が制限《せいげん》されたものと、一般《いっぱん》に公開《こうかい》されたものがあります。公開《こうかい》されている場合《ばあい》、年齢《ねんれい》の条件《じょうけん》を満《み》たせば、自由《じゆう》に書《か》き込《こ》むことができます。また、ほとんどのサービスでは匿名《とくめい》が可能《かのう》です。ただし、悪口《わるぐち》や誹謗中傷《ひぼうちゅうしょう》、特定《とくてい》の人《ひと》の個人情報《こじんじょうほう》の書《か》き込《こ》みはネットマナー違反《いはん》です。自分《じぶん》の書《か》き込《こ》みが原因《げんいん》で「ネットいじめ」につながったり、非難《ひなん》・批判《ひはん》が殺到《さっとう》して、収拾《しゅうしゅう》がつかなくなる「炎上《えんじょう》」につながります。また、見《み》ず知《し》らずの大人《おとな》が年齢《ねんれい》を偽《いつわ》って近《ちか》づき、たくみに誘《さそ》って犯罪《はんざい》に巻《ま》き込《こ》むケースがあります。困《こま》ったらすぐに保護者《ほごしゃ》に相談《そうだん》しましょう。

Column コラム

実名《じつめい》を偽《いつわ》っても必《かなら》ず見《み》つかる

多《おお》くのSNS《エスエヌエス》や掲示板《けいじばん》では、サービスを利用《りよう》する際《さい》にアカウントを登録《とうろく》します。その際《さい》、実名《じつめい》のほかにネットでの表示名《ひょうじめい》を設定《せってい》できます。ただし、匿名《とくめい》だからと何《なに》を書《か》いてもよいわけではありません。誹謗中傷《ひぼうちゅうしょう》や犯罪予告《はんざいよこく》などの有害《ゆうがい》情報《じょうほう》を書《か》き込《こ》むと、プロバイダ責任制限法《せきにんせいげんほう》などにより、IP《アイピー》アドレスというインターネット上《じょう》での住所《じゅうしょ》から、書《か》き込《こ》んだ人《ひと》を特定《とくてい》することができます。

2-15

スマホの充《じゅう》電《でん》はどこでもできるの？

スマホの電池《でんち》が少《すく》なくなったとき、コンセントがあれば、どこで充電《じゅうでん》してもよいのでしょうか？

お店《みせ》などのコンセントを勝手《かって》に使《つか》ってスマホを充電《じゅうでん》することは、お金《かね》や物《もの》を盗《ぬす》むことと同《おな》じ罪《つみ》です。外出時間《がいしゅつじかん》が長《なが》いときはモバイルバッテリーを持《も》っておくと安心《あんしん》です。

スマホやパソコン用《よう》にコンセントを用意《ようい》しているお店《みせ》は多《おお》くあります。それらのお店《みせ》では充電《じゅうでん》も可能《かのう》です。ただし、有料《ゆうりょう》の場合《ばあい》もあります。

勝手《かって》にコンセントを使用《しよう》し、充電《じゅうでん》することは「電気泥棒《でんきどろぼう》」と呼《よ》ばれ、やってはいけない行為《こうい》です。長《なが》い時間充電《じかんじゅうでん》できないところでスマホを使用《しよう》したいときは、モバイルバッテリー（携帯式充電器《けいたいしきじゅうでんき》）が便利《べんり》です。

注意《ちゅうい》したいのは、スマホのコネクタの種類《しゅるい》です。スマホは機種《きしゅ》によってコネクタの形状《けいじょう》が違《ちが》うので使用《しよう》するケーブルの種類《しゅるい》に注意《ちゅうい》しましょう。

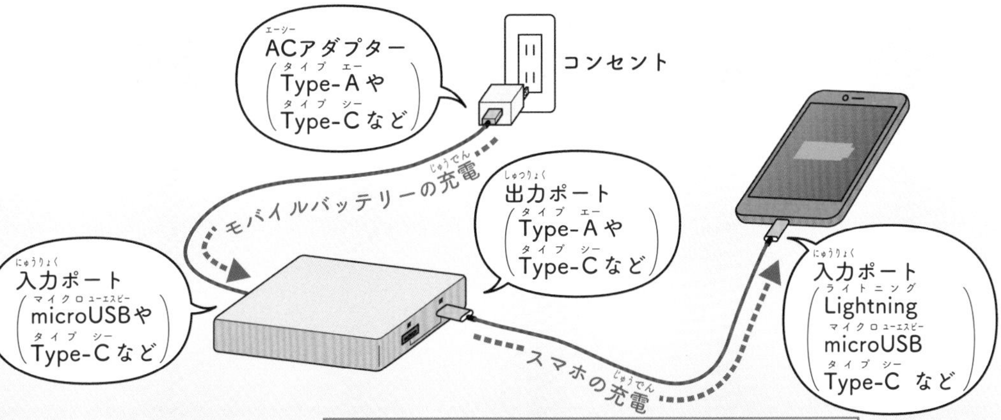

モバイルバッテリーの仕様《しよう》(例《れい》)	容量《ようりょう》10000mAh《ミリアンペアアワー》，出力《しゅつりょく》2.4A《アンペア》(最大《さいだい》)，急速充電対応《きゅうそくじゅうでんたいおう》 入力《にゅうりょく》ポートmicroUSB《マイクロ ユーエスビー》×1，出力《しゅつりょく》ポートType-A《タイプ エー》×2

Column コラム

モバイルバッテリーの電流出力《でんりゅうしゅつりょく》

モバイルバッテリーは旅行《りょこう》や外出時《がいしゅつじ》の強《つよ》い味方《みかた》です。バッテリー容量《ようりょう》は大《おお》きいほど長時間《ちょうじかん》使《つか》うことができますが、そのぶん重《おも》くなります。出力《しゅつりょく》ポート数《すう》は２つ以上《いじょう》あると複数《ふくすう》のスマホを同時《どうじ》に充電《じゅうでん》できます。

電流出力《でんりゅうしゅつりょく》が 2.4 A《アンペア》 のものは急速充電《きゅうそくじゅうでん》が可能《かのう》になります。ただし、注意《ちゅうい》したいのは最大《さいだい》 2.4 A《アンペア》 のモバイルバッテリーにスマホを２台《だい》さすと、１つのポートには半分《はんぶん》の 1.2 A《アンペア》 しか出力《しゅつりょく》されないため、急速充電《きゅうそくじゅうでん》はできません。

2-16 スマホを無《な》くしたときはどうすればよいの？

スマホを無《な》くしてしまいました。どうすればよいのでしょう？

スマホを無《な》くしたときは、まず保護者《ほごしゃ》に相談《そうだん》しましょう。GPS《ジーピーエス》機能《きのう》で音《おと》を鳴《な》らしたり、地図《ちず》に表示《ひょうじ》できるスマホもあります。壊《こわ》れたり、無《な》くしたときに困《こま》らないよう、普段《ふだん》からバックアップをとるようにしましょう。

スマホを無《な》くしたときは、無《な》くしたスマホに電話《でんわ》したり、心当《こころあ》たりの場所《ばしょ》があるならそこに連絡《れんらく》しましょう。わからない場合《ばあい》、電車《でんしゃ》は鉄道会社《てつどうがいしゃ》、外《そと》なら警《けい》察《さつ》に届《とど》け出《で》ます。スマホを契約《けいやく》している通信会社《つうしんがいしゃ》に連絡《れんらく》してサービスを止《と》めてもらうことも必要《ひつよう》です。スマホによっては、家族《かぞく》のスマホやパソコンから、GPS《ジーピーエス》機能《きのう》で位置《いち》を地図《ちず》に示《しめ》したり、リモートでロックをしたり、音《おと》を鳴《な》らす機能《きのう》があります。アプリの悪用《あくよう》を防《ふせ》ぐ対策《たいさく》としては、家族《かぞく》のスマホなどから自《じ》分《ぶん》のアカウントにログインし、パスワードを変《か》えるなどの方法《ほうほう》があります。

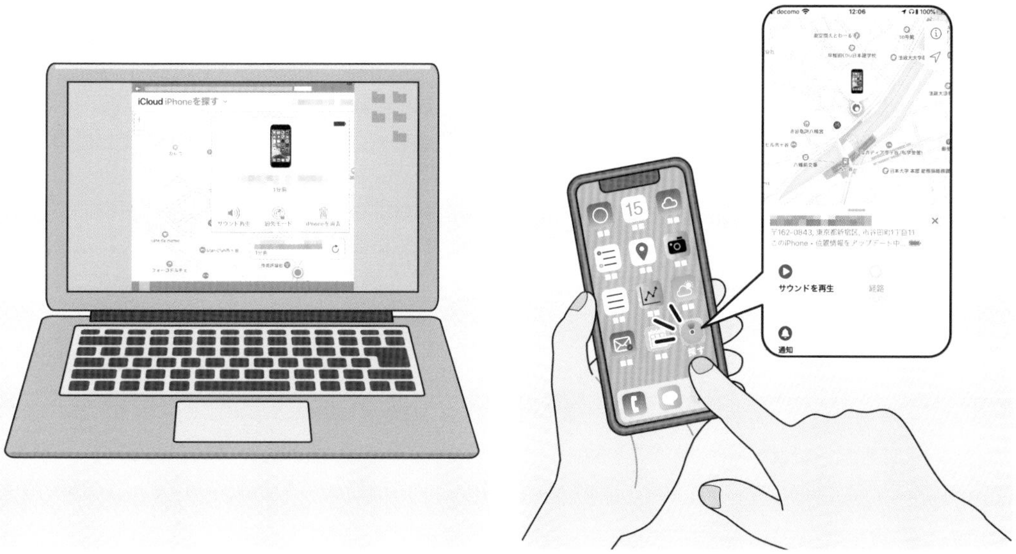

コラム Column

スマホのバックアップ

スマホが壊《こわ》れたときや紛失《ふんしつ》したときに、あらかじめバックアップをとっていれば、別《べつ》のスマホでほとんど同《おな》じ状態《じょうたい》に復元《ふくげん》できます。無《な》くしたスマホを遠隔操作《えんかくそうさ》で初期化《しょきか》したとしても、バックアップがあれば安心《あんしん》です。バックアップのやり方《かた》は機種《きしゅ》や契約《けいやく》したサービスによって異《こと》なります。自分《じぶん》のスマホを確認《かくにん》して普段《ふだん》からバックアップをとるようにしましょう。

さくいん

■著者プロフィール

松下 孝太郎（まつした こうたろう）
神奈川県横浜市生。
横浜国立大学大学院工学研究科人工環境システム学専攻博士後期課程修了 博士（工学）。
現在、東京情報大学《(学)東京農業大学》総合情報学部 教授。
画像処理、コンピュータグラフィックス、教育工学等の研究に従事。
教育面では、プログラミング教育、シニアへのICT教育、留学生へのICT教育等にも注力しており、サイエンスライターとしても執筆活動および講演活動を行っている。

山本 光（やまもと こう）
神奈川県横須賀市生。
横浜国立大学大学院環境情報学府情報メディア環境学専攻博士後期課程満期退学。
現在、横浜国立大学教育学部 教授。
数学教育学、離散数学、教育工学等の研究に従事。
教育面では、プログラミング教育、教員養成、著作権教育にも注力しており、
サイエンスライターとしても執筆活動および講演活動を行っている。

装丁　羽田眞由美（株式会社ユニックス）
本文　湯浅安恵・石堂真菜実（株式会社ユニックス）
イラスト　花田麻緒・中田亜花音・清野郁代（株式会社ユニックス）

やさしくわかるデジタル時代《じだい》の情報《じょうほう》モラル
【②スマホ編《へん》】

2020年8月21日　初版　第1刷発行

著　者　松下　孝太郎、山本　光
発行者　片岡　巌
発行所　株式会社技術評論社
　　　　東京都新宿区市谷左内町21-13
電　話　03-3513-6150　販売促進部
　　　　03-3267-2270　書籍編集部
印刷・製本　大日本印刷株式会社

ISBN978-4-297-11415-2 C8304
Printed in Japan

●本書へのご意見、ご感想は、技術評論社ホームページ（http://gihyo.jp/）または以下の宛先へ書面にてお受けしております。電話でのお問い合わせにはお答えいたしかねますので、あらかじめご了承ください。

〒162-0846　東京都新宿区市谷左内町21－13
株式会社技術評論社書籍編集部『やさしくわかるデジタル時代の情報モラル【②スマホ編】』係
FAX：03-3267-2271